J'avais 25 ans

Texte pour vous remuer, faire réfléchir, Monologue Homme Théâtre

Du même auteur*

Certaines œuvres sont connues sous différents titres.

Romans

La Faute à Souchon : (Le roman du show-biz et de la sagesse)
Quand les familles sans toit sont entrées dans les maisons fermées
Liberté j'ignorais tant de Toi (Libertés d'avant l'an 2000)
Viré, viré, viré, même viré du Rmi !
Ils ne sont pas intervenus (Peut-être un roman autobiographique)

Théâtre

Neuf femmes et la star
Les secrets de maître Pierre, notaire de campagne
Ça magouille aux assurances
Chanteur, écrivain : même cirque
Deux sœurs et un contrôle fiscal
Amour, sud et chansons
Pourquoi est-il venu :
Aventures d'écrivains régionaux
Avant les élections présidentielles
Scènes de campagne, scènes du Quercy
Blaise Pascal serait webmaster
Trois femmes et un Amour
J'avais 25 ans
« Révélations » sur « les apparitions d'Astaffort » Jacques Brel / Francis Cabrel

Théâtre pour troupes d'enfants

La fille aux 200 doudous
Les filles en profitent
Révélations sur la disparition du père Noël
Le lion l'autruche et le renard,
Mertilou prépare l'été
Nous n'irons plus au restaurant

* extrait du catalogue, voir page 62

4

Stéphane Ternoise

J'avais 25 ans

17 septembre 2013

Jean-Luc PETIT Editeur / livrepapier.com

Stéphane Ternoise versant dramaturge :

http://www.dramaturge.fr

Tout simplement et logiquement !

Stéphane Ternoise

J'avais 25 ans

Jouer une pièce de théâtre, même pour un public restreint, même lors d'un spectacle gratuit, nécessite l'autorisation de son auteur (ou son représentant).

J'avais 25 ans

Texte pour vous remuer, faire réfléchir, Monologue Homme Théâtre

À 25 ans, le personnage de ce monologue a quitté une confortable situation de cadre en informatique, chez Groupama Assurances, pour vivre de peu, de manière plus ou moins artistique... Un peu comme l'auteur de ce texte...
Coïncidence, naturellement.

À 25 ans, arrêtez de travailler !... Ah, vous cherchez votre premier emploi !...

> J'avais 25 ans, c'était en 1993. Je sais, 1993, si vous avez 25 ans, si vous cherchez comment ne pas vous engloutir dans les voies sans issues, 1993, c'est une autre époque. Le 20eme siècle !

> (...)

> Si à cause de la date du grand virage de cette histoire, 1993 donc, vous pensez : son cas n'est pas adaptable... c'est que vous n'avez rien compris... Ceci n'est pas un mode d'emploi !

Simplement une réaction devant une situation.
En 1993, si j'avais écouté 1968, 1975 ou 1980,
j'aurais moi également pu être découragé,
maudire d'être né trop tard !

(...)

Deux attitudes face à une tentative
d'embrigadement dans un pays démocratique : la
grande majorité balbutie, fataliste : « j'ai rêvé...
mais maintenant je fais comme les autres » et
quelques-uns vont voir.
Aller voir. Chercher son point d'équilibre.
Trouver sa voie, quand tant suivent les ruelles
balisées, et grinchonnent, et manifestent. Trouver
sa voie, un chemin inédit, et en payer le prix.

25 ans, la braderie de Lille, les *granges de* Flines-lez-
Râches (une boîte du Nord où dans les années 1980-1990
se retrouvaient des chevelus, pour boire une Jeanlain à la
bouteille, écouter de la musique rarement diffusée ailleurs)
et Fanny, une étudiante en psycho... Et le choix d'une vie :
vivre autrement...

Ce monologue est aussi un petit manuel de combat
social...

J'avais 25 ans

Texte pour vous remuer, faire réfléchir, Monologue Homme Théâtre

Monologue en un acte

Personnage :

Je : né en 1968. Âge suivant la date de représentation… jusqu'en 2028… Après ? Faîtes comme bon vous semble…

Assis par terre, regarde le public. Décor simple, de music-hall.

Acte 1

Je : - J'avais 25 ans. J'ai pris mes dernières vacances. Mes dernières vacances, je les appelais déjà comme ça.

Silence.

Je : - L'être humain, finalement, est prié de ne pas trop pavoiser ; même pour ses actes majeurs, il a, le plus souvent, besoin d'un déclic extérieur. Moi, ce fut en septembre de mes 24 ans. À la braderie de Lille.

J'y étais allé seul. Seul forcément, avec pour unique bagage l'espoir de revoir Fanny.

Fanny. Quelques années plus tôt, elle était étudiante en psycho à la faculté de Lille, justement. Aux *Granges*, un night club du côté de Douai, des *copains* m'avaient persuadé que c'était bien moi qu'elle regardait. Je ne pouvais le croire ! On s'est souri, on s'est rapproché, on s'est parlé. Elle me subjugua au point de me surprendre à apprécier les repas du RU, restaurant universitaire, et même Francis Cabrel, quand elle interprétait *Petite Marie* à la guitare, rien que moi, dans les quelques mètres carrés de sa chambre universitaire.

Je prenais le train de 9 heures 17. Elle m'attendait à la cafeteria de la gare. Parfois elle m'emmenait à l'un de ses cours... Peut-être aurais-je dû poser mes lèvres sur les siennes et ma vie en aurait été transformée. Je n'ai jamais osé.

J'apprendrai bien plus tard qu'à l'époque de nos 24 ans elle se trouvait en Angleterre.

J'avais marché durant des heures. Demandant parfois à une connaissance : « tu n'aurais pas vu Fanny ?... Fanny des *Granges*, l'étudiante en psycho... »

Fanny n'était pas très bien vue de mes « potes. » Trop intellectuelle.

Quelques heures de marche et Fanny restait invisible. Je décidais de retraverser une dernière fois l'habituel quartier piéton... espoir de l'apercevoir à la terrasse d'un restaurant ou d'un café. Et là, au milieu d'une rue, je tombais nez à nez, véritablement nez à nez du fait d'avoir marché en scrutant chaque terrasse, nez à nez avec des tonnes de moules.

La braderie de Lille, ses moules, ses frites, sa bière.

Mon esprit fatigué y a vu un signe. Fatigué : naturellement, la nuit précédente, ma nervosité avait interdit tout sommeil. Comme souvent une phrase m'ensorcelait : « c'est ma dernière chance de la revoir. »

Moule. Moule. Je suis dans le moule. « *Moule sentimentale* » n'était pas encore un tube de la variété gnangnan. Ainsi je n'avais rien à fredonner et restais figé.

Certes, avant, l'envie de ne pas vivre 37 ans et demi pour les beaux contrats de Groupama assurances me causait déjà de nombreuses nuits d'insomnies.

Mais là, oui. Plus aucun doute. J'avais 24 ans. Dont un sixième dans un bureau. Quatre ans dans un bureau ! Dont trois à aimer une Fanny qui avait mis fin à nos rencontres d'un laconique « Je sais bien que tu ne peux pas te contenter de mon amitié. Je sais qu'on va en baver. Je croyais que se parler ainsi, se confier sans tricher, c'était impossible entre une fille et un mec. Mais. Mais tu sais. »

Oui, je savais : à 21 ans elle ne se sentait pas la force de quitter un type avec qui elle se prétendait unie par un lien indestructible, « deux ans de belles histoires. » Elle le voyait durant les vacances scolaires : il vivait à Brest, lui avait confessé quelques infidélités… mais elle ne voulait surtout pas entrer dans le jeu d'une quelconque vengeance… et pensait ces infidélités terminées… pensait qu'avoir un seul amour dans la vie représentait l'idéal…

Maintenant, je relativise : elle aussi, des images incrustées dans l'inconscient l'emprisonnaient dans des réactions d'oppositions au modèle familial…

Mais nous avions 21 ans !

Nous croyions tout décider par notre « libre arbitre. » À l'âge de l'ignorance, nous pensions tout savoir, tout maîtriser, ne jamais rien regretter, elle de me repousser, moi de continuer à l'aimer, même platoniquement, même sans la voir. L'amour platonique de ma vie ! Combien de fois l'ai-je écrit !

Devant les moules, je réfléchissais : ai-je travaillé uniquement pour ne pas trop souffrir de cet amour sans nuit d'amour, sans cri, sans rupture, sans champagne ni mensonge ?

Et c'est devant ces moules où je restais figé sûrement plus d'un quart d'heure que ma décision se prétendit irrévocable : à 25 ans je partirai. Il me restait un an pour tout préparer, obtenir un licenciement.

Déterminé mais pragmatique : je mesurais toute la difficulté de vivre sans argent, sans amour et d'eau à forte teneur en nitrates.

J'entrais dans le premier café où le comptoir semblait accessible et obtenais une bonne demi-heure plus tard une bouteille de Jenlain. En référence aux *Granges* naturellement, cette bière étant alors la boisson de base, offerte avec le ticket d'entrée.

J'ai encore traîné un peu, avant de reprendre le même train que ces soirs-là. Précision : j'avais acheté une troisième bouteille de 75 centilitres, à emporter.

Il fait nuit, bien noire, avec quelques étoiles plus ou moins naturelles, quand j'arrive très lucide en gare d'Arras... je vois double, trouble, triple, je flippe en me prenant les pieds dans un pavé, me cognant contre un poteau sur la Grande place.

Quelques heures plus tard, le lundi matin donc, je

manquerais l'ouverture de la ravissante grille grise Groupama Assurances 22 boulevard Carnot... absence justifiée l'après-midi : le docteur m'octroyant quinze jours de repos... cause surmenage !

C'était le temps où les docteurs ne souhaitaient pas perdre un client pour un stupide refus d'accorder un arrêt de travail. C'était au temps d'avant le médecin traitant.

En mai de l'année suivante, il faisait froid au nord et beau au sud. J'avais 25 ans. J'ai pris mes dernières vacances. Mes dernières vacances, je les appelais déjà comme ça.

Ça peut sembler étrange, une telle réaction. On m'a depuis affirmé qu'il est bizarre à 25 ans de penser, « c'est mes dernières vacances. » Même « ce sont mes dernières vacances », quand on s'exprime correctement ! Certains y virent même une pulsion suicidaire... cette remarque m'enchantait toujours, jusqu'au sourire... elle émanait à chaque fois de véritables accros aux vacances. Qui préfèrent se passer de cerises et de fraises plutôt que de se priver de cette « indispensable coupure. »

Prendre des vacances, dans mes classifications, signifiait déjà : appartenir à une catégorie particulière, les prisonniers de l'inutile, aussi dénommés « braves travailleurs. » Quoique « brave » soit peut-être exagéré.

Citoyens, travailleurs, classe moyenne. Nul besoin de développer davantage : travailler pour vivre. Tu travailles, tu as droit aux congés, tu pars en vacances pour oublier, décompresser, recharger les accus, voir du pays, rencontrer des gens... en France ou à l'étranger... à l'étranger où naturellement il est indispensable de prétendre que le tourisme sexuel sous couverture du grand soleil d'Asie est une exception... laissons Michel Houellebecq s'attirer les foudres des agences de voyages et autres profiteurs de ce marché du sexe... et revenons aux vacances

15

hexagonales… où l'on rencontre des gens comme soi, également en vacances… et les autochtones… c'est passé dans le langage courant, on parle des autochtones désormais. Autochtones aux sourires de brochures, parce qu'il est indispensable de sourire quand on vit du tourisme, et qu'il faut bien rembourser le prêt des travaux du gîte rural ou vendre à un tarif décent une production que les centrales d'achat des grandes surfaces sont disposées à acquérir pour une simple bouchée de pain. Le sourire, c'est la marge du producteur.

Comme quoi, Asie ou sud de la France, le raisonnement reste le même… il faut vendre avec le sourire ce que l'on peut vendre…

Ne caricaturons pas ! Les vacanciers ont parfois des contacts avec d'autres autochtones : les retraités. Les vacanciers parfois s'intéressent à la vie de ces contrées si belles, si calmes… mais où, quand même, « ça doit être lugubre en hiver. » Alors les vieux racontent. Ça leur fait plaisir, finalement. Ils ont des enfants ou petits-enfants du même âge. Ces enfants, ces petits-enfants ont à peu près la même vie que ces vacanciers : ils vivent en ville. Parce qu'ici, naturellement, le travail est une denrée rare. Ça fait deux générations que les jeunes s'en vont… ils l'ont racontée des centaines de fois leur histoire. Les vacanciers, ça leur fait une distraction, aux vieux. Surtout quand le bras ne permet plus de jouer à la pétanque.

J'avais 25 ans et je pensais : bientôt tu seras de l'autre côté, tu seras un retraité.

Prendre sa retraite à 25 ans. Qui n'en a pas rêvé !… Mais on nous fait croire que ça n'arrive jamais pour un citoyen ordinaire. Celui qui ne travaille pas à 25 ans, c'est qu'il ne travaille PAS ENCORE, étant étudiant, ou c'est un rentier, fils ou fille à papa friqué qui passera sa vie à grignoter le gros gâteau des parents ou grands-parents, argent gagné ou volé, un gosse de riche. Ou alors ne pas travailler à cause du chômage. Exclusion, misère et injustices sociales.

Je suis un gosse de pauvres. Dans ces cas-là, il te reste… le loto… Ça doit bien tomber sur quelques joueurs de 25 ans… je n'ai jamais misé sur ce Dieu hasard surtaxé.

Alors ! Alors tu as décidé d'abandonner une vie tranquille de salarié dont l'employeur n'est guère exigeant, pour la misère. La misère, la galère, le drame. Tout cela à cause d'une femme !

N'accordez pas trop d'importance au rôle de Fanny dans ma vie ! Vous auriez certes des excuses puisque son prénom revient régulièrement et que je l'ai moi-même souvent idéalisée divinisée. Mais non, voyons !, soyons raisonnables !, elle fut seulement l'image, l'idée sur laquelle j'ai eu besoin de m'appuyer pour aller plus loin. Ce raisonnement me convainc parfois ! Elle est même étonnée que je parle ainsi régulièrement d'elle ! Ses rares e-mails me laissent supposer que ses souvenirs de moi sont d'ailleurs assez vagues… Parce que naturellement, je n'ai pu, quand même, m'empêcher de taper son nom dans un moteur de recherche, le jour où, pour la première fois, je me suis connecté à internet. Elle vivait en Espagne.

J'écrivis le soir de sa réponse un texte sur le « drame des femmes magnifiques. » Elle seule la connaît mon analyse pêchant sûrement par excès de généralisation. Je lui ai envoyé des années plus tard, ce mini-essai sur les amazones condamnées à affronter un lugubre miroir quand elles comprennent leur histoire, avoir vécu uniquement avec des sales types, des sales types masqués durant quelques semaines, mois ou même années, prêts à tout pour se taper puis parader avec « la superbe gonzesse. »

17

Tandis bien sûr qu'il n'ose jamais, l'être intègre végétant dans la salle « amitié. » Elle y croyait, à son amour en Espagne. Encore quand je lui envoyais ces neuf pages. Sept mois sans contact serait la « punition » de ma clairvoyance. Il y en aurait d'autres.

Mais je m'éloigne de mes 25 ans où ma mère se trouva une nouvelle litanie : « avec tout ce que l'on a fait pour toi, après tant de sacrifices. »
Elle était fière d'avoir un fils cadre. Pour des parents agriculteurs, c'était la promotion sociale rêvée. Cadre en plus chez l'assureur des agriculteurs, la CRAMA, Caisse Régionale d'Assurance Mutuelle Agricole. Le premier rejeton du village à obtenir un BTS… ça rabaissait un peu leur clapet aux bigotes des trois premiers bancs dont les enfants rivalisaient de BEP secrétariat ou comptabilité à CAP maçonnerie ou menuiserie.
Ce serait plus difficile à proclamer « au chômage. » Elle en tomba malade. Voyant que ça ne fonctionnait pas, elle se relevait et déclara « mon fils a décidé de reprendre ses études pour devenir chef d'entreprise. » Je souriais, ça l'énervait. J'étais prié de corroborer sa version. Je souriais en pensant à Oscar Wilde « *Il est inutile de dire à quelqu'un une chose qu'il ne sent pas et ne peut pas comprendre.* » Je haussais les épaules tout en jugeant superflu d'épancher mes états d'âme genre « ça m'aurait fait plaisir si elle m'avait soutenu… mais je ne peux quand même pas être triste… sa réaction était tellement prévisible. »

Je n'ai donc pas écouté les « bons conseils », les gentilles ou cyniques mises en garde, je n'ai donc pas écouté ces braves gens restés où le vent les a déposés.
Et j'y ai cru à ma promesse de la braderie. J'imaginais, je

planifiais, j'exécutais : de retour au bureau, le chef eut droit à un bonjour empreint de dédain. Il me crut « vraiment malade. » Un dossier m'attendait : il le retrouva au même endroit trois jours plus tard et s'énerva. C'était urgent.

- Dans ces cas-là, tu le fais toi-même.

Je devenais impertinent ! Et au pot de l'amitié, le traditionnel pot du vendredi midi, je ne laissais aucun doute sur ma métamorphose : je posais le verre de whisky offert par Caroline et prenais une bouteille juste entamée, pour la vider à petites goulées. Naturellement à l'heure du repas... je me tenais aux murs pour parvenir aux toilettes et... devenir la hantise des femmes de ménage. C'est pour elles que mon attitude me déplaisait le plus. Mais dans tout combat, quelques victimes collatérales, c'est inévitable.

Faut-il supprimer le pot du vendredi ou m'en interdire l'accès ? Une convocation dans le grand bureau mit fin à cette épineuse question. Pour éviter trop de vagues, la direction me proposait un accord transactionnel. Je l'attendais. C'était arrivé deux fois durant la dernière décennie. Car naturellement, un grand groupe, avec des racines agricoles, ne peut se permettre de licencier... qui plus est un fils d'agriculteur.

Je me suis donc inscrit à l'ANPE. En insistant bien sur le fait qu'ils m'avaient forcé à signer. Je m'étais quand même renseigné : si l'acte de séparation résultait d'un commun accord, je n'avais droit à aucune indemnité de l'Assedic. Alors que s'il s'agissait d'une proposition de l'entreprise, acceptée par le salarié, j'entrais dans la grande famille des indemnisés.

- J'ai cédé à un véritable harcèlement moral.

- Ça se passe souvent comme ça avec les grands groupes.

Malheureusement, nous ne pouvons rien faire. Ils savent ne laisser aucune preuve de leur méthode.

J'étais tombé sur un militant social, « au côté de tous les travailleurs. »

Il me remit même la carte d'un syndicat, en murmurant « n'hésitez pas à venir me retrouver dans un autre contexte… les cadres, les employés et les ouvriers, c'est le même combat… Soyons tous ensemble… Plus nous serons nombreux, plus nous serons forts…»

Et je ne suis pas parti dans le sud. Mais chez une copine. Une copine, ma copine, bien sûr. Elle aussi avait gobé la version d'un harcèlement moral et elle en était persuadé : j'allais rapidement retrouver un poste avec salaire équivalent. On se connaissait depuis trois mois, je ne me voyais pas lui expliquer les moules et Fanny. La version du harcèlement moral était plus simple. Elle était ravie de notre mise en ménage, comme certains l'annonçaient, et nous imaginait déjà bientôt heureux propriétaires en quartier résidentiel grâce à cette prime et ses placements, capital qui constituerait un apport suffisant et engagerait une banque à nous prêter, sur 25 ou 30 ans, une somme bien rondelette que nos salaires rembourseraient sans difficulté. La belle maison dans le beau quartier.

C'était une comptable, titulaire d'une maîtrise, fana dingue des chiffres, les transformant sans calculatrice en confort accessible.

Mais néanmoins elle accepta que je prenne quelques mois de repos… après tant de péripéties !

Un an et demi passa ainsi. Avec trois convocations à l'ANPE où la présentation de quelques réponses négatives suffisait à clore l'entretien chaleureux et monotone. Un an et demi où je pensais peu à Fanny, n'essayant même pas une seule fois de la revoir. Je me levais vers huit heures, déjeunais d'un bol de lait et deux tartines beurre chocolat. Puis partais à la bibliothèque. Je rentrais préparer le repas que nous prenions en tête à tête. Le plus souvent nous faisions même l'amour... parfois au point de mettre en retard ma comptable préférée, toujours inquiète des commentaires de sa direction. Je retournais l'après-midi à la bibliothèque. C'était une forme de revanche sur mon enfance, mon adolescence, ces décennies si loin des livres.

La quatrième convocation à l'ANPE, ce fut un certain Charles, arrogant, puant la clope.
- Je doute de vos recherches...
Je mimais l'indignation.
- Vous allez bientôt être chômeur de longue durée. Il vous faut une formation...
Le soir, chère compagne confirma le bien fondé de cette analyse.
Le lendemain, pas de bibliothèque. Ayant vendu quelques meubles qui auraient fait double emploi lors de mon installation rue des 3 visages, seules une télé et une étagère ne purent être casées dans ma voiture. Je suis parti. Elle méritait quand même d'hériter de l'étagère et de la télé !
Je repassais à l'ANPE :
- Puisqu'il n'y a pas de travail par ici pour moi, je vais tenter ma chance ailleurs.
La conseillère, Séverine, me décrivait les démarches à suivre pour ma réinscription dans un autre département.
Je laissais une lettre à ma comptable :
« Tu l'as comme moi remarqué : nous ne faisons plus l'amour chaque jour. Et mon orientation littéraire te déplait de plus en plus. Et blabla et blabla. Je ne suis pas l'homme qu'il te faut. Et blabla et blabla. »

Deux jours plus tard, j'arrivais dans le Lot. Après une nuit sur un parking d'autoroute. Pourquoi le Lot ? Sûrement à cause d'un reportage télé ayant présenté ce département comme celui du sud où les tarifs immobiliers restaient les plus abordables. Et donc, vive le Lot… en camping.

Mon inscription à l'ANPE s'est déroulée sans souci :
- Naturellement, en camping, ce n'est pas évident de trouver un emploi. Pour vous le plus important est donc de trouver un logement. Repassez nous voir dès que votre situation sera stabilisée.

J'achetais rapidement une maison. Un divorce aux couteaux, chacun exigeant sa part, voulant surtout éviter que l'autre reste. J'avais assez. Malgré mes cheveux longs, ils ont signé.

Deux ans plus tard, j'étais convoqué à l'ANPE. L'informatique m'avait oublié !
J'ai pu inventer un « continuez » de mon interlocutrice lors du passage pour signaler ma nouvelle adresse après l'achat de la maison.
Et comme leur silence semblait corroborer ces propos, ils n'ont pas insisté.
« Continuez », c'était « continuez dans l'artistique. » Ce n'était pas noté sur mon dossier mais l'aimable employée me fournissait une hypothèse plausible : « une migration informatique. »
Six mois plus tard, ce fut plus difficile : le gouvernement avait changé ! Ding Dong, il fallait « épurer les fichiers. » Il fallait des résultats, une baisse significative… La chasse aux fraudeurs s'engageait.
Ça ne pouvait plus continuer ! Mes livres, aucun éditeur n'en voulait, mes textes de chansons, aucun interprète ne

les chantait. Naturellement, je n'avais contacté ni éditeur ni chanteur.

Alors il m'a fallu travailler ! Sinon, c'était RADIATION ! L'informatique, qui avait quand même été ma vie durant cinq ans, revint d'actualité. Il me fallut jouer serré. Persuader que je n'y connaissais rien, absolument rien aux nouvelles technologies, ayant seulement été salarié grâce à un lointain cousin.
- Un lointain cousin ne paye pas quelqu'un ainsi durant cinq ans. Je constate que vous aviez un statut de cadre.
Ma réponse était préparée. Il faut toujours prévoir ce qu'un bureaucrate pourrait vous rétorquer par simple logique administrative. Réponse nette et sans bavure :
- Vous voulez vraiment savoir ce que je lui faisais quand il m'appelait dans son bureau.

J'échappais à l'informatique mais les années de totale imprégnation littéraire devaient s'achever. Projet indispensable. Et c'est pourquoi vous me découvrez sur scène.
Monter sur scène est donc mon nouveau métier : j'y raconte ma vie.
J'en profite, quand même, pour moraliser mon parcours : vous voyez, on vous a fait croire qu'il est impossible de vivre autrement, on vous a entubés.
Les plus jeunes rétorqueront : à ton époque peut-être mais maintenant…

J'avais 25 ans, c'était en 1993. Je sais, 1993, si vous avez 25 ans, si vous cherchez comment ne pas vous engloutir dans les voies sans issues, 1993, c'est une autre époque. Le vingtième siècle !
Et même pour celles et ceux nés à la même époque, la facilité consiste à penser : on a raté le coche, maintenant il

faut en chier jusqu'à la retraite, en espérant que l'état nous la versera, et alors, et alors, et alors…

Si à cause de la date du grand virage de cette histoire, 1993 donc, vous pensez : son cas n'est pas adaptable… c'est que vous n'avez rien compris… Ceci n'est pas un mode d'emploi ! Simplement une réaction devant une situation.

En 1993, si j'avais écouté 1968, 1975 ou 1980, j'aurais moi également pu être découragé, maudire d'être né trop tard !

Ceci est presque une lapalissade : la situation change chaque jour ! Les époques changent mais les données de base restent les mêmes : un individu et des tas de chemins ; certains plus faciles, d'autres plus évidents, d'autres quasi impossibles.

Et le chemin, celui qu'une petite voix à l'intérieur te susurre, celui à inventer. On ne suit pas son chemin, on l'invente. Ce ne sera jamais évident. Pour moi, il y eut des tas de bureaucrates, des tas de bons conseils. Mais tout ça, c'est le prix à payer.

Deux attitudes face à une tentative d'embrigadement dans un pays démocratique : la grande majorité balbutie, fataliste : « j'ai rêvé… mais maintenant je fais comme les autres » et quelques-uns vont voir.

Aller voir. Chercher son point d'équilibre. Trouver sa voie, quand tant suivent les ruelles balisées, et grinchonnent, et manifestent. Trouver sa voie, un chemin inédit, et en payer le prix.

Rideau

La charte de qualité de l'auteur indépendant

Il n'est même pas besoin d'exhiber quelques textes inutiles auto-édités pour dénigrer l'auto-édition, pratique accusée de mettre sur le marché les pires médiocrités agrémentées des fautes les plus élémentaires d'orthographe ou grammaire, parfois même avec un style d'élève en difficulté du CM1.

Il s'avère néanmoins sûrement exact que les livres vraiment auto-édités dans une démarche professionnelle (mon exclusion de "l'auto-édition réelle" des auteurs qui ne respectent pas un minimum la littérature a toujours dérangé les prétendues belles âmes du secteur pour qui « tout est littérature ») contiennent en moyenne plus de fautes que les livres des éditeurs "traditionnels".
Il ne s'agit pas forcément d'une question de qualité des auteurs mais de moyens. Même le passage par les correcteurs et correctrices professionnels ne permet pas de présenter des œuvres sans erreurs, qu'avant on appelait d'imprimerie. Mais depuis que l'imprimeur reprend un document PDF pour lancer l'impression, les éditeurs qui utilisent encore cet argument semblent miser sur la méconnaissance du grand public.
Monsieur Antoine Gallimard n'a pourtant pas de leçons de qualité à nous donner : la communauté des pirates du livre numérique s'était amusée à corriger l'ebook d'Alexi Jenni, *l'art français de la guerre*, prix Goncourt 2011. Après l'hypothèse de l'utilisation du document PDF imprimeur, mouliné par un logiciel de reconnaissance graphique pour fabriquer la version numérique, des lecteurs de la version papier ont informé le web que ces coquilles se trouvaient également dans leur épais bouquin.

La faculté de corriger rapidement sur l'ensemble du circuit de distribution un ebook constitue un avantage dont la portée ne semble guère avoir été analysée. Dans cette optique, j'ai décidé de récompenser les lectrices et lecteurs qui ne se contentent pas d'une moue de déception face aux erreurs mais les communiquent, en leur offrant un livre de leur choix du catalogue, trois formats disponibles (epub, pdf, amazon). Aucun livre en papier offert ! Seule restriction, pour une question de taille des fichiers et vitesse de connexion à Internet d'un écrivain vivant à la campagne, ne pourront être envoyés que des ebooks dont la taille n'excédera pas cinq mégas, ce qui exclut les livres de photos (sauf ceux dont le PDF reste juste en dessous de la limite possible).

Naturellement, il ne vous faut pas réclamer ce livre ni envoyer les fautes constatées (réelles ! et non les choix comme mettre au pluriel un terme habituellement invariable ou reprendre une lettre d'un personnage dont les fautes d'orthographe constituent justement une caractéristique, ou même une libre violation des temps conseillés de conjugaison !) sur la plateforme d'achat mais à la page contact de www.ecrivain.pro en spécifiant le livre de votre choix, qui vous sera envoyé par mail après vérification des informations transmises.

Fautes réelles découvertes : un livre offert, l'engagement qualité de l'auto-édition.

Cette offre s'étend à l'ensemble de mon catalogue.

Stéphane Ternoise… un peu plus d'informations

Né en 1968

http://www.ecrivain.pro essaye d'être complet, avec un "blog" (je préfère l'expression "une partie des chroniques"). Mais il ne peut naturellement pas copier coller l'ensemble des textes présentés ailleurs.

http://www.romancier.net

http://www.dramaturge.net

http://www.essayiste.net

http://www.lotois.fr

Les noms de ces sites me semblent explicites…
Le graphisme reste rudimentaire. Tant de choses à faire…

http://www.salondulivre.net le prix littéraire a lancé sa onzième édition. Une réussite d'indépendance. Mais peu visible…

L'ensemble des livres numériques ont vocation à devenir disponibles en papier et réciproquement. Il convient donc de parler de livre au sens fondamental du terme : le contenu, l'œuvre. En juillet 2013, le catalogue numérique de Stéphane Ternoise dépasse la barre naguère inimaginable de la centaine. Il est constitué de romans, pièces de théâtre, essais mais également de photos, qu'elles soient d'art (notion vague) ou documentaires (présentation de lieux, Cahors, Cajarc, Montcuq, Beauregard, Golfech…), publications pour lesquelles l'investissement en papier est impossible, sauf à recourir à l'impression à la demande.

Site officiel : http://www.ecrivain.pro

Présentation des livres essentiels :
http://www.utopie.pro

J'avais 25 ans - Texte pour vous remuer, faire réfléchir, Monologue Homme Théâtre **de Stéphane Ternoise**

Dépôt légal à la publication au format ebook (9782365410557) du 12 septembre 2011.

Imprimé par CreateSpace, An Amazon.com Company pour le compte de l'auteur-éditeur indépendant. **livrepapier.com**

ISBN 978-2-36541-410-4
EAN 9782365414104

www.ingramcontent.com/pod-product-compliance
Lightning Source LLC
Chambersburg PA
CBHW060604030426
42337CB00019B/3602